ÉCHOPPE DE CORDONNIER A CONSTANTINE.

L'ALGÉRIE ET L'ISLAM

I

Constantin débaptisa en 312 l'ancienne Cirta, la capitale des Massyliens et lui donna son nom, qu'elle a gardé : Constantine. Peu de villes africaines ont une physionomie plus impressive. Le bloc de roche où elle s'assied, et qui mesure dans sa plus grande diagonale à peine un kilomètre, lui sert de gigantesque piédestal, érigé par la nature au fond d'un ravin de sept à huit cents pieds de profondeur.

Ce nid d'aigle, qui domine un abîme, paraît inaccessible à l'homme. Et cependant la population indigène qui l'occupe est d'une race moins pure que celle des autres parties de l'Afrique. Longtemps avant l'hégire et l'invasion du continent conquis par les successeurs de Mahomet, il y eut là des croisements de sang asiatique et de sang germain. Les yeux bleus, les cheveux blonds ou roux sont des signes distinctifs d'une origine vandale. Par contre, la coupe du visage, l'ossature du corps révèlent admirablement des ancêtres venus de la Phénicie, de la Palestine ou d'autres points de l'Asie.

Ces indigènes, descendants des Numides, décrits par Salluste, sur lesquels s'étendit de bonne heure la domination romaine et s'exerce maintenant la nôtre, n'ont pas abdiqué leur esprit d'indépendance. Ils l'affirment jusque dans la liberté qu'ils respectent chez leurs femmes. Si la résignation fataliste a succédé à l'énergie de la résistance, ils n'ont pas oublié leur passé glorieux et ils attendent patiemment que le prophète fasse renaître l'ère où, farouches et encore invaincus, ils défiaient leurs ennemis contre lesquels leurs marabouts prêchaient la guerre sainte.

Car il ne faut pas se faire d'illusion, « nous sommes toujours les usurpateurs d'un territoire que l'indigène tient de ses ancêtres, les novateurs dont les réformes sont pour lui en contradiction avec la loi immuable du Coran. Il ne comprend rien à nos mœurs trop faciles, à la liberté dont jouissent nos femmes, aux règles de droit que nous imposons, à notre irréligion officielle. Il plie temporairement parce qu'il n'est pas le plus fort, mais c'est avec l'espoir de la revanche. Il subit, il n'accepte pas ; il espère en l'équitable volonté du Seigneur. Comment ce dernier laisserait-il entre les mains infidèles la terre arrosée du sang d'Okba et de trente générations de soldats martyrs ? Aussi il attend, confiant dans les prédictions qu'on lui a faites, la venue du Mahdi, de l'envoyé céleste qui doit paraître à l'heure fixée, afin de « régénérer le monde et le remplir de justice « autant qu'il est rempli d'iniquités (1) ».

Les haines ataviques couvent dans ces cœurs qui nous paraissent calmes parce qu'ils sont subjugués. La fierté du regard, l'orgueil du geste trahissent la pensée secrète. D'ailleurs la vengeance à outrance, semblable à la vendetta corse, s'est perpétuée dans les mœurs. Autre trait significatif : les *soffs* (confédération de tribus) restent fermés à l'étranger, quoiqu'ouverts aux intrigues des rivalités de familles. Ces sortes de clans forment en réalité des associations toujours prêtes à se rapprocher, à s'unir quand le Mahdi annoncera l'heure de la délivrance.

II

Les événements historiques qui eurent pour issue la prise définitive de Constantine, après un an de lutte acharnée, sont connus et nous pouvons nous borner à les remémorer sommairement.

En 1836, pendant qu'Abd-el-Kader tenait tête à nos forces réunies dans l'Algérie occidentale, le maréchal Clauzel commençait ses opérations à l'est. Le ministère Thiers avait autorisé cette campagne, mais le ministère Molé qui le remplaça y fut moins favorable. Le premier siège de Constantine échoua, malgré la bravoure de nos officiers, Richepanse, Trézel, Changarnier. Nous manquions d'ailleurs d'hommes, de batteries, de moyens de transport, et les pluies qui tombaient par torrents sans discontinuer nous retenaient dans ce que nos soldats appelaient des camps de boue.

Le gouvernement rappela Clauzel et donna des instructions à Damrémont pour entreprendre une seconde expédition, quand les négociations de Bugeaud à Oran avec Abd-el-Kader auraient abouti. Le traité de la Tafna, signé le 1er juin 1837, nous ayant valu la cessation des hostilités avec l'émir, on s'occupa aussitôt de diriger tous les efforts contre Constantine. Damrémont, ayant sous ses ordres les généraux Valée, Perrégaux, Richault de Fleury, Trezel, Rulhières et le duc de Nemours, partit de Bône avec 13,000 hommes. Ben-Aïssa défendait Constantine et le bey Ahmed protégeait l'accès de la ville en tenant les alentours avec 9,000 cavaliers pour inquiéter l'armée française.

Assiégés et assiégeants firent preuve d'un héroïsme épique. La prise du plateau de Koudiat-Amy par nos troupes nous donna l'avantage, mais la

---

(1) Alfred BARAUDON, *Algérie et Tunisie*. Librairie Plon.

ville résista encore pendant quatre jours de bombardement. « Tant qu'un de nous sera vivant, les Français ne prendront pas Constantine ». Cette réponse de Ben-Aïssa aux sommations de Damrémont électrisa les musulmans. L'assaut fut fixé au 13 octobre. La veille, le général Damrémont s'étant avancé à découvert sur le plateau, pour examiner la brèche et voir si elle était praticable, fut tué par un boulet et le général Perrégaux, son chef d'état-major, qui se trouvait auprès de lui, tomba blessé mortellement. Le lieutenant général Valée prit le commandement en chef, et le lendemain nos troupes escaladèrent la roche en trois colonnes sous le commandement du lieutenant-colonel Lamoricière et des colonels Combes et Corbin.

A sept heures les tambours donnent le signal. Les zouaves s'élancent au pas de course, malgré la fusillade. Lamoricière les conduit. Le capitaine Garderens plante le drapeau tricolore sur la brèche; la ville est envahie. Tout à coup retentit une explosion formidable : une mine vient d'éclater sous les pieds des assaillants. Jeté à dix pas par l'explosion, Lamoricière reste sans blessure ; mais le colonel Combes est frappé à mort. Turcs et Arabes s'enfuient, se précipitent du haut des murailles dans les ravins. Constantine est au pouvoir des Français. Le bey Ahmed, à cheval sur une hauteur voisine, assistait à la chute de sa capitale; il versa des larmes et s'éloigna. Le général Valée devint maréchal de France et gouverneur de l'Algérie. Il n'y avait plus qu'à pacifier la Kabylie. La domination française dans l'est était désormais assurée. Elle ne pouvait plus être mise en péril que par la France elle-même. Il y eut en effet à la Chambre des pairs un certain nombre de partisans de l'abandon de Constantine. M. de Gasparin proposa de démanteler la place et d'y renoncer ensuite. M. Duvergier de Hauranne s'éleva avec animation contre cette campagne qu'il appelait impolitique et funeste. MM. Jobert et Desjobert réclamaient l'évacuation de toute l'Algérie (1).

III

Tant il est vrai que l'expansion coloniale a eu à toutes les époques les plus ardents adversaires dans tous ceux qui ne comprennent que les conquêtes sans sacrifices et ne veulent point admettre qu'une grande nation a des devoirs envers le progrès, lorsqu'elle est à l'avant-garde de la civilisation. La conquête de l'Algérie, à l'est comme à l'ouest, était une œuvre nécessaire, qui s'imposait logiquement à nos armes. L'Afrique n'aurait pu, dans la marche du monde, rester livrée à la barbarie et à toutes les conséquences de celle-ci.

Il est hors de doute que si la France, après avoir acquis les résultats que lui assurait la paix de Constantine, s'était désintéressée de ce territoire, elle aurait été coupable.

Si la force des choses veut à certaines époques de l'histoire que le sang coule pour frayer à l'humanité les voies de la paix même, rien ne pourrait excuser une guerre n'ayant d'autre but qu'une manœuvre militaire. Nos campagnes d'Algérie ne doivent pas être envisagées, dans leurs différentes phases, comme une série d'exploits de généraux, de mouvements de

(1) Cf. E. MARÉCHAL, *Histoire contemporaine*.

troupes, d'occupations du sol, de prises de villes ou de forteresses où l'on plante notre drapeau. Cette conquête avait une pensée plus haute. Elle devait, elle doit encore établir et maintenir la suprématie de l'Europe, plus civilisée, avec ses institutions, ses idées philosophiques, morales, religieuses, sur l'Afrique, partout où cette dernière est asservie à l'Islam. Elle devait marquer, comme elle l'a fait, le premier pas des pionniers qui ont avec nous, alors, et depuis lors quelquefois contre nous, tracé les routes à nos lumières d'occident à travers ce continent noir, dont les musulmans n'avaient, pendant leur empire séculaire, pas réussi à faire autre chose qu'un désert. Car le musulman dès qu'il cesse de conquérir ne peut que dégénérer. Sa foi est toute militante, il n'a que les vertus du guerrier. Sans aptitudes pour la vie civile, au nom même de sa religion, il considère comme impur et impie de vivre sur un pied d'égalité avec ceux qu'il courbe sous son cimeterre. Il massacre les vaincus ou les réduit à la servitude dégradante, qui exclue tous les droits humains. La conséquence inévitable de son action et de son influence, conséquence lente ou rapide, suivant la vitalité, la vigueur et le nombre de la race conquise, est l'appauvrissement et l'avilissement de la population soumise (1). Ceux-là mêmes qui défendent l'Islam reconnaissent qu'il ne peut porter d'autres fruits (2).

« Comme l'idée romaine, l'idée musulmane était destinée à dominer une partie du monde. Mais, tandis que la première, issue du paganisme et baisée au front par le génie de la Grèce, se retrouve dans les débris impérissables des œuvres qu'elle avait inspirées, dans ses routes et ses aqueducs, dans la divine harmonie de ses temples, dans l'incomparable perfection de ses écrits, dans la vigueur des institutions dérivées des siennes ; la seconde, au contraire, tirant toute sa force d'une religion qui n'admet pas de partage et se propage au moyen du glaive, qui supprime l'initiative individuelle par l'institution du fanatisme, qui proclame que rien n'est utile de ce qui n'est pas commandé par Dieu, ne pouvait que faire le vide autour d'elle. Aussi n'a-t-elle rien créé et rien laissé en dehors des œuvres essentielles, produits de cette religion même : c'est-à-dire d'un livre renfermant sa morale et ses lois ; d'un temple à la fois oratoire, tribunal et siège du gouvernement; d'un drapeau, signe de ralliement dans la guerre contre les infidèles. L'une était, avant tout, progrès et civilisation ; l'autre n'est qu'immutabilité et néant. Et pourtant, malgré les assauts répétés des peuples éclairés, l'idée musulmane est plus vivante aujourd'hui dans le monde que la civilisation romaine trois siècles après Jésus-Christ (3). »

(1) Cf. *Life and Teaching of Mohammed or The spirit of Islâm* (Vie et doctrine de Mahomet ou l'esprit de l'Islam, par SYEED AMER ALI (Londres 1891).
(2) Voir sur l'Islam et son rôle dans la civilisation : *Mahomet et le Coran* par BARTHÉLEMY SAINT-HILAIRE (Paris 1853). — UBICINI, *Lettres sur la Turquie* (1853). — R. DOZY. *Histoire des Musulmans d'Espagne* (Leyde 1861). — *Mohammed and Mohamedanism critically considered* par S. N. KOELLE (1889). — *Storia di musulmani di Sicilia* par M. AMARI (Florence 1854). — ANTONIO CONDE, *Historia de la dominacion de los Arabes en Espana* (Madrid 1861). — *Hedaya*, commentaire des lois musulmanes traduit par HAMILTON (texte anglais) et SNOECK URGRONJE, *La Mecque* (ouvrage néerlandais, Amsterdam).
(3) « Il ne faut pas, dit M. Alfred Baraudon, s'étonner si l'islamisme s'est propagé à la fois par la persuasion et par le glaive, si cette religion s'est imposée aux nations conquises par l'extrême simplicité de sa doctrine et par l'alternative à laquelle se soumettait le vaincu de se faire musulman ou d'être opprimés.

IV

Le temps n'est plus aux croisades. L'Occident, qui incline plutôt au désarmement, ne songe plus à réagir contre l'Orient par la violence. La diplomatie dénoue maintenant les nœuds gordiens au lieu de laisser aux chefs d'armée le soin de les trancher. L'Islam, dans ces conditions, ne peut plus être combattu avec succès que par l'expansion coloniale de l'Europe. C'est elle qui triomphera définitivement de lui. Quand l'Afrique sera tout entière — et il n'y a plus un siècle à attendre — devenue possession française, anglaise, allemande, italienne ou portugaise, quand la Russie, la France et l'Angleterre se seront partagé définitivement l'Asie, il n'y aura plus de Médine pour le Prophète.

L'œuvre de civilisation ne sera toutefois accomplie définitivement que par l'assimilation des éléments indigènes. La conquête creusera le sillon, mais les mesures habiles et prudentes d'administration et de législation pourront seules l'ensemencer efficacement et le rendre fertile. Travail lent et persévérant qui réclamera autant de constance que de

---

Son élan était irrésistible; elle parlait en outre au nom de Dieu, dont le Coran était la pensée même écrite.

« Quel est donc ce livre qui se présentait ainsi au monde avec une si haute origine ? On l'appelle « El Kitâb », c'est-à-dire le Livre, l'œuvre par excellence, qui renferme tout, prévoit tout, enseigne tout, dogme, morale et législation. Nul n'est admis à le contester : « Ceci est le Livre, sur lequel il n'y a pas de doute à avoir. » (Le Koran, Sourate la Vache.) Mahomet l'a écrit au jour le jour, d'après les révélations que Dieu lui faisait, pour les besoins de sa cause, par l'intermédiaire de l'ange Gabriel. Il est incohérent et ne concorde pas toujours dans ses parties. Il ne fut rédigé d'une façon définitive que sous Othman, le troisième khalife. Quatre saints docteurs, aux deuxième et troisième siècle de l'Hégire, en donnèrent des interprétations orthodoxes, correspondant aux quatre rites reconnus : malékite, hanéfite, chaféite et hanabite. Elles demeurèrent interdites dans la suite. De peur qu'on ne fît des interpolations, on a compté le nombre des versets, des mots, et le nombre de fois que chaque lettre est répétée dans le même livre. Il y a six mille versets et soixante-dix-sept mille six cent trente-neuf mots (Des Godins de Souhesmes, Tunis). C'est donc un livre révélé, incréé, et par conséquent inaltérable. Il est à la fois code civil, religieux et politique. On prêche, on rend la justice, on gouverne en son nom. Et, comme il vient de Dieu, tout ce qui se fait ainsi par lui est divin et indiscutable. Il est la base même du mahométisme. « Il complète et clôt les lois anciennes. Il est la vérité même. » (Le Koran, LXIX.)

« Mais ce caractère authentique et définitif que le Coran imprime à tout ce qui prend en lui sa raison d'être, et qui a fait, au début, la force incontestable de la puissance islamique, a été plus tard une cause de faiblesse et de dépérissement. A l'inverse de la religion catholique, qui, tout en maintenant l'inébranlable fermeté de sa doctrine, accommode au moins ses pratiques et son esprit aux mœurs des époques, à l'inverse des législations modernes constamment renouvelées, la loi religieuse musulmane est restée ce qu'elle était à ses origines, aussi farouche, aussi exigeante, aussi intransigeante, et la loi civile, son émanation directe, ne s'est modifiée en rien sous l'influence des idées nouvelles et des besoins nouveaux. Liées l'une à l'autre, découlant d'une même source divine, toutes deux sont demeurées immuables, hors de l'atteinte des hommes.

« L'Islamisme a dès lors été condamné à une immobilité improductive. Indifférent à tout ce qui était action et progrès, il s'est tenu stationnaire au milieu du flot passant des siècles, l'œil fixé sur un point du ciel, « tournant le dos à l'avenir et la face au passé ». (Seignette, Code musulman.)

sagesse. Ce qui se passe aujourd'hui en Algérie prouve tout le temps qu'il faudra pour vaincre tous les obstacles. Nous sommes les maîtres de l'Algérie depuis plus de cinquante ans, nous avons jeté dans cette terre beaucoup d'or pour la féconder et nous y avons essayé tous les systèmes pour la faire vraiment prospère. Qui donc pourrait prétendre que la tâche est terminée ?

Il en sera de même de la transformation des croyances religieuses, de la victoire du progrès sur le fanatisme. Cette victoire est certaine, mais il dépend de la politique générale de ne pas en ajourner la date à une échéance indéterminée. Malheureusement pour l'humanité le programme est vaste, la besogne immense et il n'y a peut-être pas encore assez de bons ouvriers pour l'achever avant le milieu du vingtième siècle.

Charles Simond.

JUIVE ALGÉRIENNE.

ANCIENNE CASERNE DES JANISSAIRES A CONSTANTINE.

CONSTANTINE [1]

I

Ce n'est pas un petit voyage que celui d'Alger à Constantine. On part à six heures du matin pour n'arriver qu'à minuit, et ces dix-huit heures de chemin de fer, malgré le pittoresque défilé des Portes de fer et la traversée de la grande Kabylie, manquent un peu d'intérêt.

A mesure qu'on s'éloigne, le triangle dentelé que fait la ville mauresque, illuminé par les blancs rayons du soleil levant, diminue peu à peu, et finit par disparaître derrière la croupe verdoyante parsemée de maisons claires où Mustapha est bâti. Nous longeons la mer et des vergers plantés de choux énormes, et nous traversons l'Harrach, non loin du vieux pont d'Ibrahim-Ramdan que son inscription qualifie de « bâtisse merveilleuse et brillante », pour atteindre Maison-Carrée.

On gagne de là Ménerville à travers la forêt d'oliviers de la Reghaïa : c'est le commencement de la Kabylie. Ce nom s'applique

[1] Extrait de l'ouvrage intitulé : *Algérie et Tunisie*, par Alfred BARAUDON. (Paris, librairie Plon.)

au massif montagneux qui va de la Mitidja à Constantine et que l'Oued-Sahel divise en deux parties : la grande et la petite Kabylie. Le pays devient accidenté; à gauche, court une chaîne de hauteurs moyennes, et en avant, la profonde dépression de l'Isser ouvre des échappées circulaires sur le massif du Djurjura, dont les sommets sont bleuis par l'éloignement. A Beni-Amran, la voie s'engage dans une gorge étroite, à tout instant barrée par des escarpements rocheux dans lesquels il a fallu percer des tunnels. Du haut des terrasses maçonnées où court le train, la vue plonge dans le torrent qui roule, quelquefois à une grande profondeur, ses flots jaunes parmi des blocs de grès énormes. Ce passage ne dure qu'un quart d'heure, mais il est aussi grandiose que les plus sauvages défilés des Alpes. A Palestro, l'horizon s'élargit : une plaine onduleuse, qui va en s'évasant jusqu'à Bordj-Mansour, à quatre-vingt-dix kilomètres de là, s'étend vers le sud-ouest, dominée à son début par les trois cimes du Tigremoun, qui affecte un peu les allures du mont Cervin, tandis que les montagnes que nous venons de quitter dessinent un immense cirque dans la direction du nord.

Nous sommes en Kabylie. Le pays prend un autre aspect. Les oliviers, les figuiers se montrent au milieu des cultures. Les villages commencent aussi à apparaître et animent le paysage. Les maisons, bâties en pierres sèches ou faites de morceaux de bois liés par des roseaux et grossièrement enduits de terre, s'échelonnent par groupes sur les pentes des coteaux. Ce sont de petits cubes bas, percés d'ouvertures étroites, quelquefois couverts en tuiles rouges, mais le plus souvent en chaume. L'aspect en est triste et misérable. Des jardinets les entourent; et parfois, quand l'agglomération est plus importante, il s'y joint un cimetière bordé simplement d'une haie d'aloès.

Les Kabyles qui les habitent ne sont en réalité que des Berbères ou Numides qui se rattachent eux-mêmes aux premières races qui aient occupé l'Afrique. Ils seraient ainsi le peuple primitif, aborigène. A la chute de l'empire romain, ils englobèrent les colonies grecques et romaines, assistèrent en spectateurs à la lutte des Vandales et de Bélisaire et végétèrent jusqu'à l'invasion arabe. Chassés alors de leurs pâturages, cernés dans leurs montagnes, ils se firent musulmans, plus pour échapper aux impôts dont les frappait l'envahisseur que par conviction, puisque Ibn-Khaldoun raconte qu'ils apostasièrent onze fois, mais non sans engager des luttes terribles, car le même historien parle de trois cent cinquante batailles.

Aujourd'hui, les Berbères sont un peu partout. Il y en a jusque dans le Sahara, et les Touaregs n'en sont qu'un rameau détaché; mais la plupart ont perdu le sentiment de leur origine. Ils se disent et se croient de même souche que les Arabes, se confondent avec eux, suivent la même loi civile ou religieuse, parlent la même langue. Les Kabyles seuls, et plus spécialement ceux du Djurjura, ont conservé leur physionomie primitive. Les montagnes les ont gardés des Arabes, des Turcs et de nous.

Les Kabyles sont avant tout des sédentaires et des agriculteurs,

UNE VIEILLE RUE A CONSTANTINE.

tandis que les Arabes sont des nomades et des pasteurs. Ils vivent en tribus comme ces derniers ; mais chez eux, une sorte de lien fédéral réunit les tribus entre elles, et par derrière, on trouve une organisation communale et démocratique des plus curieuses. La famille est l'unité sociale ayant un caractère patriarcal très prononcé. Plusieurs familles constituent le village, et plusieurs villages la tribu. Le village est par excellence l'unité politique et administrative. Il est gouverné par une Djemâa, assemblée générale des habitants dont tout Kabyle majeur fait partie de droit, qui règle tout ce qui l'intéresse ; paix, guerre, justice, impôts... Les décisions se prennent à l'unanimité, ce qui est un obstacle ; aussi, souvent a-t-on recours à des arbitres. Mais une fois prises, elles sont souveraines, et c'est un Kabyle, élevé par ses concitoyens à la dignité d'Amin ou de gardien, qui est chargé de leur exécution, ainsi que de l'administration des biens communaux. Quant à la tribu, elle n'a qu'un pouvoir compensateur. C'est elle qui, autrefois, dans un conseil où se rendaient les délégués des villages, décidait de la guerre sainte, et qui, encore aujourd'hui, s'efforce d'apaiser les querelles de ses membres, quand un sujet de discussion s'élève entre eux.

La commune est donc autonome ; elle a en outre, si je puis m'exprimer ainsi, une personnalité civile : elle perçoit des impôts pour son propre compte, elle concourt aux dépenses qu'occasionne l'hospitalité, elle achète aussi, en cas de disette, des animaux et du blé dont elle opère le partage entre les pauvres. Elle est à la fois un pouvoir tutélaire et paternel. Cette organisation si parfaite et si sage est à bon droit étonnante, surtout quand on considère qu'elle ne repose sur aucun texte : c'est une tradition coutumière qui se transmet oralement de siècle en siècle, et dont l'origine se perd dans la nuit de l'histoire. Depuis la conquête française, cette puissance est bien déchue. Le village a perdu son autonomie comme corps politique, tout en la conservant encore au point de vue administratif. Il ne connaît plus des faits criminels, et un commissaire du gouvernement, l'Amin-el-Oumena, exerce son contrôle sur les décisions de la Djemâa.

Tels sont les Kabyles dans leur vie politique, encore indépendants malgré leur asservissement séculaire. Seules les races primitives se survivent ainsi à travers les temps. Au point de vue privé, leurs mœurs ne sont pas moins curieuses. Ils parlent une langue spéciale, pleine de métaphores, qui ne s'écrit pas, mais qui passe de génération en génération dans des poèmes ou des contes populaires. Leurs vêtements sont faits de laine grossière, serrés à la taille par une corde, et sur le tout ils jettent un grand haïk qui rappelle la toge des Romains. Physiquement, ils sont plus petits que les Arabes, plus bruns, et ont les traits plus accentués. Au point de vue religieux, ils sont musulmans ; mais on sent, aux pratiques restreintes de leur culte extérieur, que leur foi manque d'enthousiasme et de conviction.

De longues discussions se sont engagées pour savoir s'ils n'étaient pas chrétiens avant la conquête arabe, et l'on a invoqué comme argument la croix que beaucoup d'entre eux portent tatouée en bleu sur le front. Le doute toutefois est permis, car rien ne vient confirmer cette opinion, et l'on sait par ailleurs que d'autres tribus berbères, établies dans l'Aurès, étaient juives ou idolâtres à cette époque.

Le Coran est leur loi civile et religieuse; mais il ne s'applique qu'à défaut de la coutume générale où Aâda, et jamais contradictoirement avec elle. Aussi les divergences sont-elles assez nombreuses.

Les femmes, chez eux, sont traitées encore plus durement que chez les Arabes; elles n'ont aucune protection et ne peuvent même pas recourir au divorce : ce sont bien de véritables marchandises achetées par le maître et abandonnées quand elles ont cessé de plaire. Elles jouissent, en revanche, d'une plus grande liberté que l'épouse arabe; mais elles s'emploient aux travaux des champs où elles font l'office de bêtes de somme.

L'agriculture est en grand honneur dans la Kabylie. Pas un pouce de terre qui ne soit cultivé. Aussi le sol, malgré ses parties stériles et l'insuffisance des instruments aratoires, nourrit-il une population plus dense que celle de la France. Les habitants récoltent du blé, de l'orge. Ils se livrent également à l'élevage des bestiaux, ainsi qu'au commerce des figues et de l'huile. Le Kabyle est belliqueux de sa nature, plus encore que l'Arabe. Il a installé ses villages sur des crêtes, véritables places de guerre, d'où il surveille ses récoltes et où il se retire en cas de danger. Ces mamelons, couronnés de cabanes, sont une des curiosités du paysage; il est facile de s'imaginer les résistances que nos troupes ont rencontrées quand elles ont voulu pénétrer dans ce réseau serré de montagnes.

Après Bouira, la chaîne des Bibans s'éloigne vers le sud; une plaine large de plus d'une lieue la sépare des monts du Djurjura, qui dressent vers le nord leurs hauts sommets escarpés, labourés de vides profonds. Le sol est nu, coloré en rouge comme s'il contenait des oxydes de fer. Au milieu de la vaste dépression qu'il s'est creusé, l'Oued-Sahel coule imperceptible. A Bordj-Béni-Mansour, la ligne de Bougie se détache sur la gauche; la grande Kabylie s'éloigne, puis la voie s'engage dans un pays de plus en plus montueux, aride et désert : on atteint les Portes de fer ou Bibans.

Ce nom est celui d'une chaîne de montagnes qui va d'Aumale à Sétif; mais il s'applique plus spécialement au défilé sauvage, long de quelques kilomètres à peine, qu'on doit franchir pour aller de la plaine du Sahel dans celle de la Medjana. Il faut lire dans le *Journal de l'Expédition des Portes de fer*, par Nodier, la description de ce passage quand il fut tenté pour la première fois en 1839 par le duc d'Orléans et l'armée française. Il a bien perdu de son cachet, depuis qu'on y a fait une route et un chemin de fer. Néanmoins, ce long couloir étroit, dominé de toutes parts par des rochers rougeâtres, inaccessibles comme des murs de forteresse, est encore une des choses les plus imposantes de la nature africaine. Au bout de trois kilomètres, le défilé s'élargit tout à coup. Les montagnes s'abaissent, et un vaste horizon se dessine. De là, jusqu'à Sétif et El-Guerra, nous allons traverser une plaine immense, coupée de nombreux oueds, monotone et déserte. Plus de chaînes de montagnes, mais une foule de petits chaînons, jetés çà et là et se ramifiant à l'infini; pas un arbre ni une broussaille. On dirait qu'un immense incendie a dévasté ce pays. Octobre est commencé : la moisson est faite, et le chaume, qu'on laisse assez long, ajoute encore par sa teinte jaunâtre à l'aspect désolé.

Nous voilà dans la partie ennuyeuse du voyage. C'est laid et triste : la Beauce sans cultures, la campagne romaine sans ruines ni souvenirs. On rencontre encore quelques gourbis bâtis en terre grise et couverts d'un voile noir. Puis la nuit vient : la lune emplit l'espace vague d'une molle clarté, et très tard on voit se dresser Constantine, couronnée de sa Kasbah, sur son piédestal de rochers.

II

Constantine remonte à une plus haute antiquité qu'Alger : elle est aussi d'aspect plus oriental et a mieux conservé son type primitif. Cela tient aux difficultés que nous avons eues pour nous y installer, à l'éloignement de la mer, à l'esprit de fanatisme qui anime ses habitants, en relations suivies avec les grandes familles sahariennes et, par là même, beaucoup moins accommodants que les Maures, enfin surtout à la situation exceptionnelle de la ville qui est plutôt celle d'une forteresse que d'une cité. Nous avons encore une demi-Constantine arabe, alors que nous n'avons plus guère qu'un dixième d'Alger du même style. La chose est rare dans l'Algérie française et vaut la peine d'être notée.

Constantine fut connue et célèbre dans les temps anciens : elle eut rang de capitale comme Tunis, Kairouan et Tlemcen. On dit qu'Afrikech, cet Arabe qui le premier colonisa l'Afrique sous les rois pasteurs de l'Égypte, fut son fondateur. Toutefois, elle ne paraît dans l'histoire qu'à l'époque des Numides et des guerres de Syphax et de Massinissa. Elle s'appelait alors Cirta, qui veut dire rocher dans la langue numide; un nom parlant s'il en fut jamais. Rome en fit la capitale d'une de ses provinces et y mit pour proconsul Salluste, qui s'y enrichit et y acheta une vaste propriété, ainsi que le témoigne une inscription latine du rocher du Mécid. Strabon avait déjà écrit que c'était « une ville bien fortifiée par la « nature et magnifiquement ornée de toutes sortes d'édifices et « d'embellissements »,

Constantine, qui prit ensuite son nom d'un de ses gouverneurs, Flavius Constantin, ne cessa dès lors de grandir jusqu'à la conquête arabe. Entrepôt du commerce de la côte et de l'intérieur, elle dut enjamber son fossé pour s'étendre, occupant la plaine de Mansourah, englobant le Koudiat-Aty jusqu'au Bardo. Elle s'enrichit de monuments romains dont on voit encore des débris remarquables. Sidi-Okba la respecta, puis tour à tour elle appartint aux Hafsides de Tunis et aux Mérinides de Bougie, jusqu'au jour où, soumise aux Turcs, elle se vit rattachée à la régence d'Alger.

Elle doit son importance à sa position inaccessible qu'Okba comparait au nid de l'aigle. Rien, en effet, ne saurait être plus formidable. Figurez-vous un rocher, sorte de cône tronqué, ayant

EL KANTARA.

la forme d'un losange irrégulier, long de 1,200 à 1,500 mètres, large de 900 mètres au plus, incliné du nord au sud, suivant une pente très forte, et séparé sur deux de ses faces de la campagne environnante par un ravin monstrueux, large de 25 à 50 mètres, véritable fossé taillé à pic dans le granit. Au fond, le Rummel roule ses eaux avec un bruit sinistre, et la profondeur du précipice est de 60 mètres à la pointe sud ou Sidi-Rached, de 170 mètres à la pointe nord ou Sidi Mécid. Du côté ouest le contrefort du Koudiat-Aty seul le fait communiquer avec le dehors. C'est par là que le général Valée et les conquérants anciens ont pénétré dans la ville. Mais l'amorce est étroite ; et à droite, à gauche, partent des rampes abruptes, dominées par des escarpements infranchissables, qui conduisent au fleuve.

Sur cet étroit plateau, mesurant un peu plus d'un kilomètre carré et complètement isolé de ce qui l'entoure, où l'eau, l'espace et l'ombre manquent tout à la fois, est bâtie une ville habitée par 20,000 Européens et 25,000 musulmans, une des cités les plus actives et les plus laborieuses de l'Afrique. El Bekri l'appelle *Belad-el-Haoua*, la cité de l'air ou du ravin : aucun nom ne saurait être mieux choisi. En effet, quand on gravit de bonne heure les hauteurs de Mansourah, et que la ville apparaît au-dessus des brumes matinales, qui se roulent ainsi qu'un turban de molle mousseline autour de son noir rocher, avec les deux masses imposantes de la Kasbah et du théâtre qui pointent à ses extrémités, on croirait voir quelque cité fanstatique, éclose tout à coup des ombres de la nuit et portée dans le ciel par deux oiseaux blancs.

On ne pénètre aujourd'hui dans Constantine que par trois points : la porte d'El Kantara du côté du Mansourah, la place de la Brèche ou vallée du côté du Koudiat-Aty, et la porte Ed-Djabia un peu plus bas.

Nous entrons par El Kantara. Un pont (*El Kantara*) en fer traverse le ravin du Rummel à une grande hauteur en cet endroit. De là, part une rue neuve, la rue Nationale, qui va jusqu'à la place Valée, divisant la ville en deux parties inégales. La plus grande, à droite, renferme le quartier français, les maisons juives et les souks ou bazars indigènes. A gauche, dans un triangle très limité, s'étend le quartier arabe encore intact. Des hôtels et des magasins européens la bordent. Sur un des côtés s'élève la grande mosquée, Djama-Kébir, dont le minaret est assez original. Le seul intérêt du monument consiste dans son ancienneté : il remonte en effet au onzième siècle, à la fondation des royaumes berbères. Cette rue qui met ainsi en communication les deux principales issues de Constantine est très animée : Européens allant à leurs affaires, voitures conduisant des voyageurs à la gare, Arabes se rendant à la place des Galettes pour y faire leurs achats. Je suis ces derniers, et je m'engage dans la rue Vieux qui doit me mener au centre du quartier commerçant indigène.

C'est une des plus vieilles rues, malgré son nom moderne qui est celui d'un général des premiers temps de la conquête. Elle est bordée d'échoppes, sortes de trous noirs à toitures de tuiles, peu profonds et peu larges, où différents corps de métier se sont installés. Il y a des cordonniers qui cousent de belles sandales en cuir noir ou rouge à semelles débordantes, des tisseurs de burnous, des chaudronniers, des tonneliers. D'autres ruelles, étroites et enfumées, s'amorcent à droite et à gauche. On gagne ainsi la place des Galettes, appelée encore marché à la laine, Rabates-Souf. Un grand hangar en occupe le milieu, et tout autour, dans l'épaisseur des maisons, s'ouvrent de petits réduits garantis par un auvent. Ce n'est pas un marché : c'est un bazar. Aussi y rencontre-t-on les industries les plus diverses. Des bancs de bois ou de pierre occupent le devant des boutiques; les Arabes s'y asseyent, pelotonnés dans leurs burnous comme des chats, et restent ainsi des heures immobiles, parlant à peine au marchand et humant une tasse de café avec des gestes de sphinx.

On revient par la rue Combes; elle est voûtée en partie. Parfois les auvents sont si rapprochés qu'ils forment un plafond à deux mètres du sol. Là-dessous, les tailleurs juifs, accroupis et serrés les uns contre les autres, mettent des vermicelles d'or sur des vestes de velours violet ou brodent des burnous. Plus loin, des séries de masures en ruine, aux toits crevassés, branlantes et inégales, se succèdent à l'aventure. Il en sort un bruit affreux de ferraille et une odeur âcre qui prend à la gorge. Quand on passe, l'illumination subite du fer battu fait entrevoir au fond de ces turnes enfumées de grands corps demi-nus gesticulant comme des démons: ce sont des forgerons arabes.

Aux angles des ruelles, sur d'immenses plaques de tôle creuvasées à leur centre et chauffées par en dessous, des Sahariens font frire dans une huile d'olive très parfumée des galettes de maïs, minces comme du papier, que l'on nomme *mthya* ou *roccom*. En attendant que les acheteurs les emportent au bout de longues aiguilles, ils les déposent sur le bord du fourneau, et l'huile qui en dégoutte, ramassée soigneusement avec leurs mains, sert pour une autre friture. La saveur en est fade : c'est une mauvaise crêpe. Chaque industrie est ainsi bien à sa place, renfermée dans une rue ou une portion de rue. L'ensemble est des plus originaux; cela donne un avant-goût des souks de Tunis.

La rue de France limite ce quartier du côté de l'ouest et ramène à la place Valée, le centre du mouvement, comme la place du Gouvernement à Alger. C'est le rendez-vous des officiers qui descendent de la Kasbah, le passage obligé des ouvriers travaillant aux constructions neuves du Koudiat-Aty, de tous ceux enfin qui entrent à Constantine ou en sortent. On y rencontre des Kabyles conduisant des troupeaux d'ânes au marché, et quelquefois des chameaux, agenouillés en cercle et portant dans leurs hottes des fagots de bois ou des dattes dont la récolte est commencée au désert. La halle et le théâtre s'élèvent sur un des côtés; mais des trois autres, par-dessus les squares ombreux, la vue s'étend infinie sur le vaste horizon des montagnes.

Vers la gauche, on aperçoit les maisons de la ville arabe, pressées les unes contre les autres sur leur haut piédestal de rochers, et, au delà, un paysage idéal. Les pentes, marquées par places de grandes taches vertes inégales, s'abaissent jusqu'au Rummel qui luit dans son lit de cailloux, pareil à un ruban d'acier. Le pont du chemin de fer de Biskra l'enjambe dans un massif de verdures; et, plus loin, une série de croupes mamelonnées, piquées d'arbres, s'échelonnent jusqu'aux hautes cimes arrondies et bleuâtres qui ferment le bord du bassin.

C'est là, dans une espèce de dépression qui s'allonge entre le Koudiat-Aty et la ville, qu'est installée de temps immémorial une tribu arabe : celle des Beni-Ramasses. Comme le dit Dante, « descendons dans le « monde aveugle ». En réalité, ceci est moins une agglomération d'êtres humains que de bêtes innomées ; quelque

KABYLE.

chose d'informe, de sale et par-dessus tout de puant : une vaste ordure s'étalant librement au grand soleil de l'Afrique. Les cabanes, alignées sur plusieurs rangs, sont faites en pierrailles sèches ou en planches mal jointes que recouvrent des écorces d'arbres et des morceaux de fer-blanc sur lesquels, par crainte du vent, on a placé de grosses pierres. Des linges, souillés comme s'ils avaient servi à panser des ulcères, sèchent au-dessus, et, plus loin, attachés ensemble à la corde, des chevaux, des ânes, des chameaux mangent une herbe, véritable fumier.

Dans ces gourbis, grands de dix mètres carrés, hauts de deux mètres, couchent parfois quinze à vingt personnes, hommes, femmes et enfants, tous pêle-mêle comme des bêtes, dans une pro-

VUE GÉNÉRALE DE CONSTANTINE. (Croquis pris de la route de Mansourah.)

miscuité effrayante, au milieu d'une atmosphère lourde d'odeurs malsaines et de miasmes morbides. Le jour, les femmes vont travailler dans la ville; les hommes restent sous leurs tentes et y exercent des industries aussi bizarres que leurs personnes. La plupart sont des revendeurs, et devant eux s'entassent les choses les plus hétéroclites : fioles et poteries préhistoriques, chaussures éculées, ferrailles rongées de rouille, peaux mangées des insectes. Sur des sacs à charbon des nègres posent des pains ou offrent des régimes de dattes tout engluées de mouches, tandis que, sur un réchaud de briques, des rôtisseurs font cuire du foie de cochon ou de petits morceaux de peau de bœuf trempés dans l'huile rance.

Quand on passe à travers ce campement, où l'on dirait que se sont amassées toutes les impuretés du désert, évitant avec soin les déjections qui parsèment le sol, et que l'on contemple ces mangeurs de choses immondes, drapés dans leurs guenilles repoussantes et immobiles comme des dieux, on se demande involontairement si le monde est bien tel qu'il doit être; si, à tout prendre, la propreté ne serait pas un vice et la saleté une vertu.

Sur le côté, un grand mur nu, crevassé, pareil à un emplâtre de lépreux, au pied duquel les Arabes vont discuter leurs affaires, comme les Juifs le long du mur de Jérusalem, conduit à la porte Ed-Djabia. C'est la seule qui reste des anciennes portes de Constantine, et de même que le rempart, elle est faite de matériaux romains mis en place par les Vandales. Elle ouvre dans la rue Perrégaux, qui est la grande artère de la ville arabe.

L'aspect est le même qu'à Alger; toutefois les pentes sont moins rapides et les architectures moins fantaisistes. Le blanc est aussi moins éclatant : on se sent sous un climat plus humide, et la pluie qui tombe souvent fait de longues raies noires sur les murs. Mais en revanche le quartier est bien arabe, et l'œil n'est pas choqué par des bâtisses européennes. Les maisons sont construites en briques non cuites ou en pisé et passées à la chaux. La toiture n'est ni plate ni en terrasse comme dans les habitations mauresques : c'est un toit très peu incliné, en briques creuses et rouges, emboûties les unes dans les autres, et qui fait saillie sur la rue; couverture nécessaire dans une ville fréquemment visitée par la pluie et la neige. Les portes s'ouvrent sous des porches cintrés et profonds, généralement marquées d'une main rouge ou noire qui doit préserver du mauvais œil. Au-dessus, les étages s'avancent en surplomb; mais ici, ils sont soutenus par des encorbellements de pierre, au lieu de porte à faux en cèdre.

Le sol montueux est pavé de petits cailloux pointus sur lesquels résonne le sabot des mules. Des auvents d'écorce de chêne garnissent parfois les façades des maisons et abritent des marchands de légumes. Puis, dans l'entre-bâillement des étages en saillie, on découvre un tas de choses étranges : des fenêtres grillées, des voûtes enjambant des impasses, des lignes de toitures brisées et sinueuses. Quelques rues, étroites et mystérieuses comme la rue Abdallah, s'ouvrent à droite et à gauche ; là sont les demeures des grandes familles arabes, des marabouts chefs de khouans : habitations closes et silencieuses, ombragées parfois d'une touffe de figuier de Barbarie. On ne rencontre que des Arabes, pieds nus le plus souvent et le burnous attaché sur la tête par une fine cordelette de crin. Leur teint est bruni, presque noir ; ce ne sont plus les chairs rosées des Maures ; on se sent ici en présence de races hâlées au grand soleil du Sud. Quand on les voit passer avec leur démarche lente et les vastes envolées de leur burnous, on dirait une procession de blancs moines aux amples robes de bure.

Des femmes circulent aussi, plus nombreuses qu'à Alger et moins sévèrement voilées, surtout quand elles sont vieilles ; mais le haïk dans lequel elles s'enveloppent est bleu, marron ou rouge, et ces vives couleurs, au milieu de la teinte générale de gris, font le plus étrange effet.

Ailleurs, rue de la Cotte et rue Cirta principalement, celles que l'on rencontre affectent une démarche éhontée. Elles portent des jupes de soie claire, attachées aux hanches par des ceintures rouges ou dorées, et ont les cheveux retenus par un bandeau de métal.

Quelques-unes ont pour 20,000 francs de bijoux sur le corps : bracelets enrichis de cabochons, garnissant le bras jusqu'au coude ou s'enroulant sur la jambe de la cheville au genou, colliers faits de pièces d'or enfilées avec des perles.

La rue en montant se rétrécit peu à peu. Les auvents qui s'avancent au-dessus des portes superposent leurs plates-formes de la plus originale façon et découpent le ciel par bandes régulières. Nous atteignons ainsi sur le bord du rocher le quartier des corroyeurs, où de fortes odeurs de peaux tannées prennent à la gorge. Leurs maisons surplombent le précipice ; par les fentes des murs on aperçoit les pentes verdoyantes du Mansourah et, au-dessous, les escarpements affreux du ravin. Une des curiosités est encore la Place des chameaux, où de bonne heure le matin se tient un marché aux burnous. Acheteurs et vendeurs sont debout, ceux-ci portant leurs marchandises empilées sur l'épaule, gesticulant et s'apostrophant. Les enchères se poussent en cris gutturaux, et les teintes blanches des étoffes qui ondulent ont des effets de neiges mouvantes.

Tout à l'opposé, sur la partie extrême du rocher, se dresse une série de bâtisses neuves : ce sont les casernes occupant l'emplacement de l'ancienne Kasbah. Des constructions antérieures, il ne reste rien que d'immenses citernes qu'avaient creusées les Romains et qu'alimentaient des sources traversant le Rummel par un siphon. Les Vandales le coupèrent au moment de leurs attaques; car cette ville, dévorée d'une soif inextinguible, devait se rendre ou mourir dès qu'on la privait d'eau. Après eux, les habitants se contentèrent de faire des barrages dans le torrent où ils puisaient avec des outres: du temps d'Ahmed-Bey, cinq cents porteurs approvisionnaient ainsi Constantine chaque matin. Aujourd'hui, les citernes servent de château d'eau pour la distribution de nouvelles sources que le génie militaire a captées.

On jouit de ce point élevé d'une vue admirable sur les monts de la Kabylie et le ravin de Rummel. Il faut se munir d'une permission du colonel commandant l'artillerie et gagner le jardin de l'arsenal établi sur le bord même du plateau. De là, l'œil plonge directement dans le gouffre. C'est une des plus effroyables choses qui se puissent voir : une muraille taillée à pic, droite, sans aucune saillie, sauf quelques petites pointes de rochers qui se dressent ainsi que des aiguilles le long de la paroi; un précipice de plus de 500 pieds de profondeur, et au fond le torrent, presque perdu dans un amoncellement de blocs énormes, qui sort de trois grandes voûtes de pierre, trois arches naturelles, au-dessous desquelles il s'est frayé un passage, pour se précipiter ensuite par cascades dans la vallée.

On appelle cet endroit la pointe de Sidi-Mécid ou encore le Kol-Chekora, le rocher du sac, nom qui lui vient de l'usage auquel il servait. De cette plate-forme, en effet, on précipitait dans le Rummel les femmes adultères; et il est permis de croire que bien d'autres qui n'étaient pas coupables, mais dont on voulait se débarrasser, suivaient le même chemin. Le matin, de bonne heure, des hommes arrivaient, portant un sac, d'où s'échappaient des plaintes, et une planche de bois assez longue. Celle-ci était installée sur une sorte de banc de granit qui surplombe le précipice; puis, une fois inclinée, on faisait glisser dessus le sac et son contenu. On entendait un grand cri et le bruit sec que font les os se broyant contre un corps dur, et c'était tout : une justice était faite ou une vengeance exercée. Seulement, quelques jours après, si une main amie n'avait été recueillir pieusement ces débris, on entrevoyait au fond du gouffre des corbeaux tournoyant en cercle avec des croassements : c'est qu'ils se disputaient un cadavre.

Ce supplice était le privilège des chefs. Ahmed, le dernier bey de Constantine, en fit surtout usage; il est vrai que son palais renfermait trois cent quatre-vingt-dix femmes, il avait donc de quoi fournir au bourreau. En souvenir de ces événements, le peuple a aussi baptisé cet endroit le rocher de la femme adultère, et de mauvaises langues prétendent que bon nombre d'épouses arabes ne peuvent encore le regarder sans terreur. Bien que la descente soit des plus périlleuses, quelques audacieux pourtant l'ont tentée. Ainsi en 1837, lors de la prise de la ville par nos troupes, plusieurs musulmans se firent descendre dans le ravin par des cordes pour échapper aux soldats français.

Je compléterai cette rapide description de Constantine par une promenade dans le vallon vert au milieu duquel se dresse son rocher, et sur le plateau de Mansourah qui le domine. Cette ville, inaccessible pour qui l'attaque de front, est, en effet, commandée par trois hauteurs disposées en triangle, à l'ouest, au nord et à l'est : le Koudiat-Aty, le Mécid et le Mansourah.

Le premier, qui n'est qu'un monticule isolé, disparaîtra bientôt.

UN CAFÉ MAURE A CONSTANTINE.

Il est en effet question de l'enlever et de combler avec ses débris l'espèce de dépression où les Béni-Ramassés ont établi leur campement. Sur cet emplacement s'élèvera un nouveau quartier, mais Constantine aura perdu un de ses aspects les plus pittoresques.

La route qui fuit entre des bouquets d'arbres verts laisse le Bardo sur la droite, traverse le torrent, passe sous les arches d'un admirable aqueduc romain et revient vers la ville par la rive droite du Rummel. De là, le rocher de Cirta, terminé par la pointe de Sidi-Rached, haute de près 200 pieds et à peu près lisse, apparaît comme la proue d'un gigantesque navire à l'ancre. Des touffes de verdure se montrent sur la gauche ; mais à droite, une dépression lugubre, béante, étroite et noire, s'ouvre dans la paroi rocheuse. C'est la coulée formidable que le Rummel s'est creusée tout autour de la ville. Jamais le soleil n'éclaire ces mystérieuses profondeurs où l'eau glisse silencieuse dans une nuit éternelle. Un pont, le pont du Diable, le traverse à une certaine hauteur, et de là, par une pente extrêmement rapide on regagne le bord supérieur du ravin.

Les maisons, qui font des lignes confuses et sinueuses de l'autre côté de ce fossé étrangement sinistre, couronnent le roc nu, généralement bâties à pic, quelquefois en surplomb sur le précipice. Le granit, creusé en gouttières par les égouts de la ville, affecte des formes bizarres de tourelles et de bastions. Des corbeaux croassent au-dessous, et j'ai compris alors ce proverbe arabe, sale, mais expressif : « O hommes, bénissez vos pères qui ont construit votre ville sur un roc. Les corbeaux fientent ordinairement sur les gens, tandis que c'est vous qui fientez sur les corbeaux. »

Plus loin, El Kantara ouvre sa grande arche de fer au-dessus du pont romain reconstruit par Salah-Bey, tandis qu'à l'est le Mansourah émerge d'un massif de pins d'Alep et de chênes-lièges. De ce point élevé, Constantine, isolée sur sa table de granit, offre le plus magnifique panorama. Sur la droite, une énorme entaille la sépare du plateau du Mécid, laissant voir par derrière la plaine grise et les cimes ondulées de la Kabylie. Puis, c'est la ville elle-même, s'étageant jusqu'à la Kasbah qui la domine, pareille à une acropole; les bâtisses modernes rangées en ligne de bataille de l'autre côté du ravin, et, tout à fait à l'extrême gauche, l'infinie multitude des petites maisons arabes, à toits plats et rouges, pressées les unes contre les autres, semées en tous sens comme des taupinières, avec d'étroites ouvertures qui semblent des yeux curieux.

C'est une singulière physionomie que celle d'Hadj-Ahmed, dernier bey de Constantine, qu'il gouverna et rançonna sans contrôle pendant onze ans, jusqu'au jour où il en fut chassé par le général Valée. Il est même le type le plus complet de ces anciens pachas d'Orient, cruels et voluptueux, luxueux et avares, qui ne se maintenaient que par la terreur, et dont on ne pouvait se débarrasser que par le poignard ou le lacet.

Sa cruauté était extrême, s'il faut en croire son historien, M. Féraud (1). Il lui arrivait parfois, pour un caprice, de faire couper en morceaux ses serviteurs les plus fidèles et de les donner à manger à ses chiens. Un jour, soupçonnant deux de ses femmes d'avoir des intrigues avec le dehors, il leur fit coudre les lèvres et percer le sein, et, après les avoir rouées de coups, ordonna de les précipiter dans le Rummel. Une autre fois, il cloua lui-même à l'arbre, avec un stylet, la main d'une autre femme qui s'était permis de cueillir une orange en sa présence.

---

(1) Féraud *Monographie du palais de Constantine*, 1867.

A peu près indépendant dans sa province, il résolut, quelque temps avant notre entrée à Alger, de se construire un palais gigantesque. Comme il lui fallait de l'espace, il tailla en pleine ville : quarante maisons furent ainsi envahies et rasées, et, sur cet emplacement grand de six hectares, commença à s'élever une construction disparate, sans goût ni grand style, mais qui est le spécimen le plus complet et le plus riche que nous ayons en Algérie de l'architecture civile arabe. Les marbres, les colonnes, les carreaux de couleur furent achetés en Italie par le Génois Schiaffino. La Kabylie et l'Aurès fournirent le bois des charpentes. Tous ces matériaux arrivaient à dos de mulet, à travers un pays accidenté, au prix d'efforts et de dépenses inouïes. Quand ils manquaient par hasard, on prenait, sans payer, chez l'habitant ce dont on avait besoin. Les ouvriers étaient des Kabyles que l'on payait peu ou des esclaves chrétiens que l'on ne payait pas. Malgré toutes ces exactions, la dépense fut extrême, puisque les comptes de trésorerie du bey parlent d'un million et demi de piastres, soit sept à huit millions de francs.

Horace Vernet appelait, je crois, ce palais un rêve des Mille et une nuits. L'extérieur n'a aucun style, mais l'intérieur est une féerie. A vrai dire, c'est moins un palais qu'une réunion de corps de logis généralement élevés d'un étage et séparés entre eux par cinq cours entourées parfois d'un double rang d'arcades et transformées en jardins. Des jets d'eau chantent dans les vasques de marbre; des grenadiers, des myrtes ouvrent leurs baies au soleil, et des lierres aux larges feuilles s'enlacent autour des colonnes. Rien ne saurait être plus enchanteur. Sous les galeries, des carreaux italiens à dessins verts, jaunes et bleus font des revêtements hauts de deux mètres; les plafonds sont formés de poutrelles assemblées et peintes. Une forêt de colonnes, la plupart en marbre, unies ou torses, à chapiteaux diversement sculptés, s'allonge à l'infini dans toutes les directions. Sur des portes sont gravés des versets du Coran, merveilles de ciselure, et, dans l'angle d'une cour, s'ouvre une loggia à balustres de bois tourné où le bey venait écouter ses musiciens.

Sur les murs, au-dessus des carreaux, des peintures représentent des fleurs et des fruits, des villes et des paysages. Très bizarrement conçues et fort grossièrement exécutées, elles ont donné lieu à bien des discussions. Suivant quelques-uns, elles seraient dues à un pauvre cordonnier français, prisonnier du bey et condamné à mort pour je ne sais quelle faute, qui n'aurait obtenu la vie et la liberté qu'en décorant ainsi les murs du palais; cet ouvrage lui aurait valu ce compliment d'Ahmed, peu flatteur pour notre amour-propre : « Je savais bien que tous les Français étaient peintres. » Mais ceci est la légende. Des recherches plus sérieuses ont appris qu'elles avaient été faites par un certain El-Hadj-Youssef, qui avait voyagé en Égypte et en Orient, et qui, sur l'ordre du pacha, représenta les villes qu'il avait visitées. Le dessin varie peu : une pyramide de maisons blanches, surmontées de quelques palmiers, au bord d'une flaque verte ou bleue qui est la mer, avec des taches jaunes qui sont des canons. L'artiste, du reste, en guise de pinceaux, n'avait que ses doigts et des éponges. Ce barbouillage

CASCADE DU RUMMEL. (Environs de Constantine).

toutefois mérite d'être cité, car seul le palais d'Ahmed en Algérie possède des peintures à fresque.

Les chambres, occupées aujourd'hui par le général commandant la division et le service de l'état-major, n'offrent rien de remarquable. Comme, du reste, celles de toutes les habitations orientales, elles ne contenaient que peu de meubles. Le soir, on apportait des coussins et des tapis pour la nuit : le nécessaire, mais aucun confort. Le bey mangeait le plus souvent chez sa mère, de crainte d'être empoisonné.

Ce palais est néanmoins la plus délicieuse retraite qui se puisse rêver, et les effets de lune, sous les longues galeries aux arcs cintrés en fer à cheval, dans l'exubérante poussée des plantes exotiques, doivent être merveilleux. Ahmed y vivait en compagnie

UNE RUE DE CONSTANTINE.

d'un personnel féminin des plus respectables, puisqu'il y entretenait trois cent quatre-vingt-dix femmes, épouses légitimes ou non. Une négresse redoutable, appelée le caïd des femmes, avait sous sa direction ce personnel encombrant et remuant. Le soir, le maître les réunissait autour de lui dans les jardins, se faisait faire un rapport sur leur conduite, distribuait des cadeaux ou des corrections.

Malheureusement, celui qui avait accumulé ces merveilles, et auquel de glorieuses inscriptions arabes souhaitaient une vie aussi longue que le roucoulement de la colombe, ne jouit de son palais que pendant quelques mois. Il l'avait à peine achevé que les Français l'en chassèrent et s'emparèrent de son trésor et de ses femmes. Quelques-unes furent employées à faire des vêtements pour les troupes; mais, comme elles étaient fort paresseuses et très sales, le général Valée, afin de s'en débarrasser, les adressa au Muphti. Celui-ci accepta le cadeau d'assez mauvaise grâce : c'était une dépense et une responsabilité; aussi s'empressa-t-il de les vendre, après les avoir toutefois dépouillées de leurs bijoux.

Ahmed, pendant ce temps, errant à travers les steppes, balayait les rudes sentiers de l'Aurès de son manteau de bey doublé de soie amarante. Onze ans il soutint la lutte contre nos troupes, jusqu'au jour où, traqué et misérable, il s'en vint dans ce même palais implorer l'aman du vainqueur. « *Et nunc reges, intelligite : erudimini qui judicatis terram!* »

Constantine a aussi ses mosquées, dont quelques-unes sont curieuses et méritent une visite, notamment Djama-el-Akdar et Djama-el-Kettani. La première est surtout intéressante par son minaret octogone, à carreaux de couleur, et son balcon de pierre soutenu par des arcades posées en encorbellement, que recouvre un toit de bois. L'intérieur offre quelques jolies colonnes et la sépulture du bey Hassan, dont la tombe est ornée de dessins byzantins d'une infinie délicatesse.

En revanche, Djama-el-Kettani est une merveille. On l'appelle encore la mosquée de Salah-Bey, du nom de son fondateur, qui gouverna Constantine à la fin du siècle dernier et fut un des hommes les plus remarquables de l'Algérie, ce qui ne l'empêcha pas de mourir étranglé. La façade donne sur la place Négrier : elle est moderne ou nouvellement restaurée, mais néanmoins fort élégante, ainsi que le minaret pointu qui la surmonte. On pénètre dans un long vestibule, puis dans une cour plantée, ornée d'arcades et d'une ravissante balustrade de marbre à la hauteur du premier étage. Là se trouve la mosquée à laquelle conduit un large escalier. La pièce est carrée, petite, garnie de tapis du Sahara épais comme une peau d'ours : grâce au demi-jour que les vitraux en forme de trèfle laissent tomber par ondées rouges, vertes et bleues, on entrevoit quatre rangées de colonnes très simples, d'un galbe pur et délicat, toutes blanches dans ces chutes de lumières colorées, reliées par des arcs en fer à cheval et supportant un plafond fait de petits carrés de bois peint. Au-dessus du mihrab et de la travée centrale, s'évident deux coupoles décorées d'un vermiculé de pierre ; de grandes plaques de faïences à dessins bleus, encadrées de carreaux blancs et rouges, occupent les murs, et, vers le fond, une tribune court légèrement soutenue par des poutrelles brunes. L'ensemble est d'une perfection rare, sans mauvais goût ni clinquant. Enfin, il faut citer la chaire ou minbar, travail italien de la Renaissance en marbres de toutes les couleurs, ornée d'une rampe représentant des chimères en relief.

La place Négrier, devant la mosquée, est le rendez-vous des brocanteurs juifs qui y vendent à l'encan, au milieu de cris effrénés, toutes les vieilles ferrailles, toutes les loques honteuses, tous les débris informes qu'ils ont pu ramasser. Le quartier israélite, Ech-Chara, se trouve non loin de là, et s'étend jusqu'à El-Kantara par une enfilade de ruelles et d'escaliers.

Puisque je parle des édifices religieux, il faut dire un mot de la cathédrale, Notre-Dame des Sept-Douleurs, qui, de même qu'à Alger, n'est qu'une ancienne mosquée. On a complètement gâté l'extérieur par un dôme énorme, mais l'intérieur offre encore quelques jolies choses : une chaire en marqueterie, des arabesques bien conservées et, du côté droit, une niche surmontée d'une coupole octogonale que décorent de fines ciselures enluminées d'or et de vermillon. C'est aujourd'hui la chapelle de la Vierge; ce devait être l'ancien mihrab.

Les environs de Constantine sont couverts de ruines romaines, généralement posées en plein cœur des montagnes. Le désir de visiter une de ces villes oubliées, l'ancienne Tiddi, et le ravin du Smendou, comparable, me disait-on, à celui du Rummel, me conduisit un jour sur le chemin du Khreneg, à vingt-cinq kilomètres nord-ouest de Constantine. L'excursion est peu tentée... fort heureusement : c'est pourquoi j'entrerai dans quelques détails.

On sort par la place Valée, et on descend au pont d'Aumale par une route neuve qui laisse de côté l'ancienne beaucoup trop escarpée. Là, se trouve un antique abreuvoir datant des Romains. Tandis que le chemin de Salah-bey et de Milah s'éloigne à gauche, filant pendant trente-six kilomètres sur les croupes terreuses du Djébel Chettâba, la route du Hamma et de Philippeville que nous allons prendre enjambe le torrent sur un pont de fer. Derrière nous, se creuse la profonde dépression séparant le plateau du Mécid de Constantine dont on aperçoit, à une grande hauteur, la Kasbah et quelques maisons. Le paysage est très vert; des jardins bien cultivés sont disséminés dans toutes les directions, arrosés par des fontaines; des haies de gigantesques aloès, entremêlés de figuiers de Barbarie et de palmiers, bordent la route, et parfois des grenadiers sauvages ajoutent leurs fruits rouges. Nous croisons des Arabes qui s'en vont par petits groupes, conduisant des troupeaux d'ânes et de chameaux chargés de branches d'arbres ou de paniers vides, et plus loin une voiture découverte où quatre femmes, peintes comme des palettes, s'étalent effrontément dans des robes de soie rouge et bleue, la tête ceinte d'un bandeau d'or.

Le chemin du Hamma se détache à droite; un kilomètre plus loin, on traverse de nouveau le Rummel sur un mauvais pont de bois souvent emporté par les pluies. Le pays devient désert : de maigres vaches paissent çà et là l'herbe jaune, autour de gourbis misérables faits de terre battue et couverts en toile noire. Il faut encore passer deux ruisseaux à sec qui viennent du Chettâba, puis l'Oued-Begrat; enfin, au bout de deux cents mètres environ. on laisse la route d'Aïn-Kerrma continuer à gauche, et l'on se dirige, à travers champs, vers une espèce de fissure qui se montre à sept ou huit kilomètres de là entre deux murailles rocheuses. A partir de ce point il n'y a plus de route : ce n'est qu'un chemin de mulets à peine tracé dans une terre arable, dont l'emplacement varie suivant l'état du sol, les pluies et ensemencements. Aussi la marche y est-elle fort pénible. Nous rencontrons deux serpents : un tout petit qui doit être une lefâa, et une sorte de couleuvre, grosse et longue de plus de 1m,50, ce qui n'empêche pas les Arabes d'assurer qu'il n'y a pas de serpents. On atteint ainsi le moulin Paingy, situé à un coude du Rummel. Il était occupé, lors de mon passage, par un malheureux Alsacien qui y vivait tant bien que mal avec sa femme et ses deux enfants. Il ne possédait que son moulin à deux paires de meules et quelques vaches. La fièvre ravageait souvent le pays; les chemins devenaient impraticables à la suite des grandes pluies, et l'hiver précédent, à trois reprises, il lui était arrivé de rester six jours entiers sans pain et sans vin. n'ayant que des légumes secs pour sa nourriture. Néanmoins. il payait au propriétaire le fermage exorbitant de dix-huit cents francs.

Du moulin à l'entrée du ravin, les indigènes accusent quinze cents mètres; il y a bien, avec les détours, trois bons kilomètres. Tiddi devrait être sur la hauteur à droite; mais, quand je voulus y aller, il se trouva qu'aucun sentier n'existait, et même les habitants du pays déclarèrent qu'ils ne connaissaient pas de ruines en cet endroit. Je dus me rabattre sur les gorges. Elles sont sauvages, très étroites, et rappellent un peu celles de Constantine. Le rocher est rougeâtre, taillé presque à pic et rayé de grosses veines de schiste. De l'entrée on embrasse toute la vallée. dont l'aspect désolé et désert, dans l'éblouissement furieux des rayons solaires, impressionne péniblement. Je voulus me renseigner sur la longueur de ces gorges, mais nul ne put me répondre. Évidemment, elles ne sont pas plus connues que la ville romaine. Il fallut revenir par une chaleur torride, rendue encore plus affreuse par le sol brûlant et poussiéreux ; ce ne devait pas être un des moindres agréments de la promenade. Tel est le bilan de cette journée.

Tiddi est vraiment introuvable. Du reste, l'an dernier, toute une compagnie d'archéologues, armés de pioches et d'auteurs latins, l'a vainement cherchée pendant huit jours, et a passé quinze jours à décrire ce qu'elle n'avait pu rencontrer. Quant au ravin, il est d'accès difficile et en tout les cas très surfait. Aussi ne saurais-je conseiller cette excursion qu'aux voyageurs désireux de perdre leur temps et de se fatiguer beaucoup pour ne rien voir, et engagerai-

POSITION DES OSSEMENTS SOUS LE DOLMEN DE L'OUED BOU MERROUG.
(Environs de Constantine).

je fortement les autres à se méfier de ce que peuvent dire les hôteliers, les voituriers et les guides vivants... ou imprimés.

III

De Constantine à Biskra on traverse deux pays bien distincts : le Tell d'abord, qui va jusqu'à Batna, et l'Aurès ensuite, dont les sommets limitent le Sahara du côté du nord. Le Tell constantinois n'est que la continuation de celui d'Oran et d'Alger, et s'étend à l'est jusqu'aux monts de la Khroumirie. C'est une plaine uniforme, élevée d'environ 900 mètres au-dessus du niveau de la mer, à peine traversée de quelques ondulations sans importance et assez aride. Après Aïn-M'lila on laisse sur la gauche le Nif-Enser ou

Bec de l'aigle, rochers isolés et rougeâtres, terminés par une série de crêtes droites taillées à pic dont une en surplomb affecte la forme d'un bec. Puis la voie passe entre les lacs Tinsilt et Msouri, salés tous les deux et entourés de marais boueux. Les localités que l'on rencontre sont pauvres, mais les noms sont ravissants : Aïn-Yacout, Aïn-Touta, Ksour-R'ennaïa, la fontaine du diamant brut, la source du mûrier, le château de la charmeuse. Le paysage est désert, animé seulement par les longues files de chameaux qui serpentent sur les routes.

Ils vont par caravanes, et chaque caravane est divisée en trois tronçons qui s'échelonnent à 200 ou 400 mètres les uns les autres, afin d'éviter l'encombrement et la poussière. Le nombre des chameaux est illimité. Il peut varier de 30 à 300 : en général il est de 80 ou 100. En tête, se tient le conducteur, kébir ou ménir, monté sur un mehari de choix. C'est lui qui fixe l'ordre de marche et les haltes et qui, dans le désert, quand les pluies ou le vent ont effacé la route, parfois, à la seule inspection de l'herbe et du sable, reconnaît où il se trouve. Les grandes caravanes se rendent du littoral au Soudan, pays si riche, dit un proverbe, qu'il est « le remède de la pauvreté comme « le goudron est celui de la gale des chameaux ». Elles échangent les cotonnades, les armes, les denrées d'Europe contre les peaux tannées, les ivoires et les essences. Celles que nous rencontrons maintenant ne vont qu'à la récolte des dattes, à peine commencée dans les oasis.

Les animaux avancent lentement, et leur corps énorme surmonté de ballots, porté par les mouvements ondulés de leurs jambes, prend vaguement la forme d'un vaisseau dont leur tête serait la proue. Sur leur dos s'empilent des paquets de marchandises au-dessus desquels, pareil à une idole sur une pyramide, un homme est parfois juché. D'autres fois, des étoffes rayées de rouge et de bleu, garnies de franges qui traînent à terre, forment une espèce de tente qui s'évase par en haut. Dans ce nid, quatre ou cinq femmes se tiennent serrées les unes contre les autres, diversement drapées de guenilles multicolores que retiennent des agrafes d'émail brillant. Une fois la halte ordonnée, chaque tronçon campe où il se trouve, sous des tentes de feutre gris. Les chameaux s'en vont paître par groupes, et, quand ils sont ainsi réunis en masse à quelque distance, les burnous blancs des Arabes entremêlés de points colorés faisant tache sur leur robe brune, on croirait voir la palette chargée des tons vifs d'un orientaliste.

Nous sommes ici dans la région des grandes propriétés indigènes, car les Européens restent en général cantonnés près des villes. Les terres occupées par les Arabes sont de différentes sortes. Les unes appartiennent à des familles ou à des tribus qui les cultivent soit divisément, soit en commun : ce sont des biens *Melk*, si les possesseurs en jouissent en vertu d'actes authentiques ou par suite d'une occupation immémoriale ; des biens *arch*, si, au contraire, elles leur ont été concédées par les beys ou les sultans à charge de payer une rente perpétuelle. Le sénatus-consulte de 1863 et la loi du 26 juillet 1873 ont reconnu aux indigènes la propriété de ces terrains et se sont appliqués à transformer la propriété collective en propriété individuelle. Mais à côté se trouvent de grandes étendues de territoire sans limites bien définies, peu fertiles et généralement propres seulement au pâturage. Ces terres n'appartiennent encore à personne : ce sont des espèces de communaux, des plaines de parcours où les nomades du Sahara font paître leurs troupeaux. On les rencontre surtout sur les versants sud du Tell.

Partout ailleurs le sol est travaillé ; l'Arabe ne cultive lui-même sa terre que s'il est pauvre ; s'il est riche, il emploie un khammas, c'est-à-dire un cultivateur au cinquième, à peu près l'équivalent du métayer français. Celui-ci est généralement un Kabyle qui se loue pour une année. La moisson faite et le grain battu sur l'aire par le pied des chevaux, il prend un cinquième de la récolte, sur lequel le maître prélève encore ses avances en grains et en argent : ce maigre salaire paye ainsi le labeur de toute une année. Il est vrai que la culture est aisée. A peine donne-t-on une façon à l'automne et deux au printemps pour les ensemencements tardifs. Encore souvent se contente-t-on de semer sur le sol non préparé et d'enterrer ensuite le grain à la charrue ; mais pour cela, il faut que la terre ait été en friche l'année précédente. En tous les cas le labour est peu profond : 0^m,20 à 0^m,25 tout au plus, et fait avec une très petite charrue. Quant au sillon, il n'est pas poussé droit comme chez nous, mais en rond ou en zigzag, suivant la fantaisie du conducteur et de l'attelage. C'est moins un labour qu'un fort hersage. Beaucoup ont blâmé ce mode de culture. Je sais, pour ma part, que des cultivateurs indigènes m'ont assuré, après expérience, qu'une façon plus complète donnée à la terre était plus nuisible qu'utile à la récolte.

Les semailles se font tard, en novembre ou au printemps, et l'on récolte en mai. L'orge arrive même à maturité en cinquante jours dans les sols humides, et, dès avril, on peut la couper dans le Tell saharien. L'alternance des cultures est à peine connue. En général, les indigènes sèment le blé dans les terres fortes et l'orge dans les terres légères, et cela indéfiniment ; il est toutefois de règle qu'une terre doit se reposer une année sur trois. Quant à la moisson, elle se fait d'une façon primitive et varie suivant les endroits : dans la montagne, on arrache l'orge et le froment à la main pour ne rien perdre ; dans la plaine, on coupe à la faucille, en laissant un chaume très long que les bêtes vont manger ou qui reste sur la terre en guise d'engrais, car le fumier est rare, excepté dans les fermes cultivées par des Européens.

Malgré cette insuffisance de culture, le sol est réchauffé par une grande fertilité. Le rendement, toutefois, est moins élevé qu'en France, et le prix de vente inférieur. L'orge rend de 8 à 12 à l'hectare; le blé de 7 à 10 et se vend environ 13 francs l'hectolitre. Mais, comme les frais de production sont très minimes, le bénéfice est encore considérable. On parle rarement d'hectares en Algérie. Les indigènes comptent par *zouidja,* qui est l'étendue que peut labourer une paire de bœufs. Naturellement ceci est très variable, mais la moyenne de la zouidja est de huit hectares, et son rapport net de 200 à 300 francs. Quant au prix du terrain, on ne saurait le fixer d'une façon précise. Certaines terres en Kabylie ne se vendent pas plus de 80 francs l'hectare; ailleurs, elles valent jusqu'à 300 francs. Une propriété en Algérie paraîtrait donc un excellent placement. En principe, cela est vrai. Malheureusement, il faut compter avec les mauvaises années et les fléaux: la grêle, la sécheresse et les sauterelles.

Alfred Baraudon.

KABYLE CHEZ SOI.

www.ingramcontent.com/pod-product-compliance
Lightning Source LLC
Chambersburg PA
CBHW060555050426
42451CB00011B/1915